असह

(कविता-संग्रह)

असहमति

हरीश चन्द्र पाण्डे

भारतीय ज्ञानपीठ

लोकोदय ग्रन्थमाला : ग्रन्थांक 1169
ग्रन्थमाला सम्पादक
रवीन्द्र कालिया
सह-सम्पादक
गुलाबचन्द्र जैन

ISBN 978-93-263-5111-9

असहमति
(कविता-संग्रह)
हरीश चन्द्र पाण्डे

पहला संस्करण : 2013
मूल्य : 120 रुपये

प्रकाशक : **भारतीय ज्ञानपीठ**
18, इन्स्टीट्यूशनल एरिया, लोदी रोड, नयी दिल्ली-110 003

मुद्रक : चार दिशाएँ, नोएडा

आवरण : अवधेश मिश्र
आवरण-सज्जा : ज्ञानपीठ कला प्रभाग

ASAHAMATI
(Hindi Poetry)
by Harish Chandra Pandey

Published by
Bharatiya Jnanpith
18, Institutional Area, Lodi Road
New Delhi-110 003
e-mail : jnanpith@satyam.net.in, sales@jnanpith.net
website : www.jnanpith.net

First Edition : 2013
Price : Rs. 120

अनुक्रम

असहमति

प्यास

काम करते-करते उसने कहा, 'पानी'

धोती घुटने तक की
और एक बनियान
यही पहनावा बस
हल्के बदन काम जो हचक के होता है

उसने सूखे जबड़े से फिर कहा, 'पानी'

पहले तो सटाकर अँजुरी फैलायी...
प्यास बुझी नहीं
फिर जग ही पकड़ लिया
और खाप खोलकर धार के नीचे लगा दी

सूखी धरती की तरह खुली थी खाप
बरसात की पहली झड़ी-सी गिरती रही धार

धार घटक-घटक कर चली जा रही थी
कंठ के नीचे
—सूखी गढ़ई में
गले की घटिका घटक-घटक के साथ
खिसक रही थी नीचे-ऊपर
एक आवाज़ थी और एक लय
और बनती-मिटती लहरें थीं त्वचा की
एक उपक्रम दृश्य-श्रव्य ऐसा
कि किसी की भी इच्छा हो जाए पानी पीने की

लेकिन कोई प्यास कहाँ से लाता

हर शख़्स कहाँ हो सकता है ऐसा प्यासा
हर पानी कहाँ पाता है ऐसी इज़्ज़त!

एक नदी सूख गयी

'देखो यह नदी सूख गयी'
अपनी तर्जनी बस से बाहर के दृश्यों की ओर दिखाते उसने कहा

नदी सचमुच सूख गयी थी
अभी पिछले वर्ष तक पानी था इसमें

थी भी बहुत छोटी नदी यह
देश क्या प्रान्त क्या ज़िले के मानचित्र में भी
इस नाम की कोई पतली नीली लकीर नहीं थी

लेकिन थी तो ज़रूर
आगे चलकर एक बड़ी नदी की सहायक नदी से मिल जाती रही थी
वहाँ पर लग जाता रहा सौ-पचास लोगों का मेला

जैसी स्थानीय थी
इसके सूख जाने का असर भी स्थानीय है अभी
किसी बड़ी चीज़ से इसके सूखने को जोड़ेंगे तो हँसेंगे लोग अभी

अभी तो यह फूले गुब्बारे के बाहर रखी
एक सुई है

इसे अभी देख पा रहा है केवल एक पुल
जो बड़ा धोखा खा गये आदमी की तरह खड़ा है
अवाक्!

वार और धार

हमारे यहाँ नेनुआ कहते हैं इसे
तोरई काटते हुए वह बोला

क्या फ़र्क़ पड़ता है नाम से
कटना तो उसी को है

हर जगह यह कहाँ सम्भव कि
नाम बदल दिया जाए तो जान बच ही जाये

एक आदमी भरी दोपहरी में घूम-घूम कर कहता है
चाकू छुरी तेज़ करा लो...

अगर कुछ आगे तक जाओ तो
उँगली वार करने वाले पर ही नहीं
धार बेचनेवाले पर भी उठ सकती है...

अब, सीधे-सीधे किसका गला पकड़ कर कहा जाए कि तू हत्यारा है
बच्चों को अगर फाँसी की सज़ा दिये जाने का दृश्य दिखा दिया जाए
तो वे चिल्लाते हुए जल्लाद की तरफ़ दौड़ पड़ेंगे
जबकि रस्सी की तरह निर्दोष होता है वह भी
और फाँसी देने के पहले माँगी गयी उसकी अमूर्त माफ़ी
अपने समय की सबसे अन्यतम प्रार्थना होती है...

शब्द

ओ सूरदास! सँभल के
आगे गड्ढा है...

सुनते ही रुक गया सूरदास
गड्ढे में गिरने से बच गया

बच तो तब भी जाता
अगर कोई कहता
ओ अन्धे रुक जाओ... आगे गड्ढा है
पर तब उसके भीतर एक बड़ा गड्ढा बन सकता था

कविताई तो दी सूरदास ने
शब्द को एक पर्याय भी दिया
कानों को अन्दरूनी मलहम दिया

सूरदास के बाद ही तो आया होगा भाषा के कोश में यह पर्यायवाची

सूर के पहले भी ले जा सकते हैं क्या इसे हम
कह सकते हैं
महाभारत चरित्र धृतराष्ट्र जन्म से सूरदास था?

शब्द की काया को
समय के खोल की ज़रूरत है क्या?

स्वाद

ये स्वाद कैसे आकार लेता है

टेढ़ी चोंच की खुरचन
या समय का ख़मीर
कौन भरता है पंछियों के कुतरे गये फलों में
स्वाद

जो न रह सका डाल पर के फल में
और न ही अँट सका पंछी की चोंच में
नीचे टपक पड़े उस अंश का स्वाद कैसा होगा
ये ज़मीन ही जाने

क्या पता ज़मीन ही हो वह अंश
जो किसी अनअँटी चोंच से गिर पड़ा हो
पकते हुए ललछौंहे सूर्य को कुतरते वक़्त

इसीलिए है यह ज़मीन इतनी प्यारी कि
छोड़ना नहीं चाहता इसे कोई ता दम

क्या इसीलिए आकर्षित करती है ये ज़मीन
कि पेड़ से टूटा फल
गिरता है उसी पर...

संसार

नि:स्सार है संसार

ठहरे पानी में वृत्त की तरह फैलता है
एक बयान

बंजर ज़मीन
अपने बंजरपन पर नाज़ करने लगती है

लगभग ठीक उसी वक़्त
एक शिशु
इस पृथ्वी पर अपनी पहली किलकारी मारता है...

महराजिन बुआ

माता-पिता-पुरोहित की त्रयी ने मिलकर
नाम तो दिया ही था उसे एक
पर लोग उसे महाराजिन बुआ कहकर पुकारते हैं

मिलाई तो गयी होगी उसकी भी कुंडली कभी
कुंडली ठीक नहीं बनी होगी
या बाँची नहीं गयी होगी ठीक से
वरना उसका वैधव्य दिख जाता दूर से ही
विकट ग्रहों का शमन हो गया होता

पर सारे विश्वासों के बीच वह विधवा हुई
अब मरघट की स्वामिनी है वह

औरतें हैं कि शवों की विदाई पर
घर की चौहद्दी में पछाड़ मार-मारकर रो रही हैं
वह है कि घाट पर सारे शवों की आमद स्वीकार रही है

चिताओं के बीच ऐसे टहल रही है
जैसे खिले पलाश वन में विचर रही हो

एक औरत की तरह उसके भी आँचल में दूध था
और आँखों में भरपूर पानी
अबला थी
और भी अबला हो गयी होती विधवा बनकर
चाहती तो काशी की विधवाओं में बदल जाती

या चली जाती वृन्दावन
पर वह चल पड़ी श्मशान की ओर

काँटेदार तिमूर लकड़ी की ठसक लिये घूम रही है घाट पर

हाथ से बुने मोज़ों के ऊपर कपड़े के जूते डाल रखे हैं उसने
मोटे ऊन की कनटोप है
मुँह में गिलौरी दबाये
जलती चिताओं की बग़ल से निकलती और राख हो गयी
चिताओं को लाँघती
एक से दूसरी चिता
दूसरी से तीसरी
तीसरी से चौथी
मुखाग्नि दिलवाती
कपाल क्रिया करवाती
घूम रही है वह

ख़ुद अपने मोक्ष के लिए छटपटाती एक नदी के तट को
तर्पणों का समुद्र सौंप रही है

पंडों के शहर में
मर्दों के पेशे को
मर्दों से छीनकर
जबड़े में शिकार दबाये-सी घूम रही है वह

अभी-अभी
घाट पर भी मर्द बने एक आदमी को
उसी की गुप्तांग भाषा में लथेड़ा है उसने

ठसकवालों से ठसक से वसूल रही है दाहकर्म का मेहनताना
रिक्शा-ट्राली में लाये शवों के लिए तारनहार हो रही है

यहीं जहाँ महाराजिन के आधिपत्य वाले घाट की सीमा शुरू होती है

उसके ठीक पहले समाप्त होती है 'साहित्यकार संसद' की सीमा
यहीं पर चीन्हा गया होगा कभी महीयसी द्वारा
असीम और सीमा का भ्रम
यहीं उफनती नदी के सामने गाया गया होगा कभी
महाप्राण द्वारा बादल राग
यहीं कविता ने देखा होगा एक युगान्त...

तट से दूर उभर आये रेतीले टापू के एकान्त में सरपती बाड़ के पीछे
रसीली कल्पनाओं के उद्यम में सहभागी एक ट्रांजिस्टर में
मेघ मल्हार बज रहा है
महराजिन सशंकित हो ताकने लगी है आकाश
अधजली चिताएँ उसे सोने नहीं देतीं रात भर
उसकी तो पसन्द है दीपक राग

उसने अभी-अभी मुखाग्नि दिलवायी है एक विधवा की चिता को
एक विधवा, दूसरी विधवा के शव को जलवाते हुए
अतीत में दबीं अनन्त विधवाओं की
अयाचित चिताओं की चीखें सुन रही है

घाट के ढलान पर
उम्र की ढलान लिये
दिन भर सूर्य की आँखों में आँखें डाल खड़ी है
मनु की प्रपौत्री वह
असूर्यंपश्या

तीर्थराज प्रयाग को जोड़नेवाले
एक दीर्घ पुल
और परम्परा के तले...।

* महराजिन बुआ इलाहाबाद के रसूलाबाद श्मशान घाट पर दाहकर्म सम्पन्न कराती रहीं। कुछ वर्ष पूर्व उनका निधन हो गया है। उनके पौरुष को समर्पित यह कविता।

उनका भविष्य

वह कथ्य की चोरी के इल्ज़ाम में धर लिया गया
जबकि वह रूप पर मोहित था

बच्चा ही था
साफ़ कमरे को और भी साफ़ करते वक़्त
उसकी अनामिका मचल उठी थी
एक अँगूठी की क़ीमती झिलमिल उभर आयी थी फ़र्श पर

तेरह-चौदह
यही रही होगी उम्र
अनामिका अभी पूरा आकार लेने को थी
अँगूठी के लिए पतली थी काफ़ी
और गाँठ में मैल लिये हुए भी
तो भी मचल उठी

जेब में डालने की नहीं, हाथ में डालने की कोशिश कर रहा था
उसकी नीयत में बदनीयती का रंग चढ़ाकर
रँगे हाथों पकड़ लिया गया
और वहाँ पहुँचा दिया गया
जहाँ रँगे हाथों वाली एक बगिया ही चहक रही थी

हमउम्रों की जमात देख एक बार
खिल उठा उसका बुझा चेहरा
उन सबके कंठों में एक स्वाँग रच दिया था समय ने
जैसे उनके कंठों में आवाज़ का भरा जाना
ठेके पर दिया गया कोई काम था

अभी वे उस पुल-आवाज़ के मालिक थे
जो न पहले थी
न आगे रहेगी
उनका मन कभी ज्वार के पूर्व के भीतरी समुद्र-सा हो रहा था
कभी झड़ी के बाद का आकाश-सा
वे फुटकर में रो रहे थे
अगर वे एक साथ रोते होते तो धँस सकती थी ज़मीन
वे थोक में हँस रहे थे
जैसे कमल दल खिल उठता है
वे सब एक ही ताल की तलहटी से आये थे

संगीत के हिसाब से उनका रोना हँसना
दोनों बेसुरे थे

उन्हें सुधारने की आकांक्षा में जो ईश प्रार्थनाएँ गवाई जा रही थीं
वे भी लय के बाहर जा रही थीं
पर उनकी आवाज़
उनकी भींगती मसें और ढेर सारे अधपकेपन मिलकर
एक परती खेत को
नये हल-बछड़ों से जुतने-सा ऑर्केस्ट्रा दे रहे थे

लेकिन वे केवल अपने अवगुणों से वाक़िफ़ थे

उन्हें उनका भविष्य समझाने
कुछ विशिष्ट अतिथि पहुँच रहे हैं सफ़ेदी से तर-ब-तर
उँगलियों में झिलमिल अँगूठियाँ पहने
कुछ बड़े अपराध
उन हाथों से होकर मुक्त होना चाह रहे हैं।

दृश्यों से लबालब इस दुनिया में

समुद्र ने जो बुलाया
तो गये उसके पास
अभिराम देखते रहे उसे

जल ही जल
अपारावार जल
थककर उबने लगीं आँखें
ज़मीन के लिए मचलने लगीं

पहाड़ों ने बुलाया   गये
पहाड़ दर पहाड़
गगनचुम्बी पहाड़   शृंखलाबद्ध
देखते-देखते ऊबने लगीं आँखें
उतरने को कहने लगीं नीचे

औरतों के हुजूम में
उन्हें देखती रहीं आँखें देर तक
औरतें-ही-औरतें दूर तक
आँखें थोड़ी ही देर में ढूँढ़ने लगीं
कोई मर्द चेहरा

और मर्दों के हुजूम में
थोड़ी ही देर में
औरतों को खोजने लगीं आँखें

इन आँखों की फ़ितरत का क्या कहूँ

कि ऊब जाती हैं एकरस दृश्य से
कितना ही सुन्दर हो दृश्य
हर हमेशा चाहती हैं दृश्यान्तर

कि इन आँखों के परदों में आते-जाते रहें दृश्य

केवल समुद्र ही समुद्र
केवल पहाड़ ही पहाड़
केवल औरतें ही औरतें
केवल मर्द ही मर्द
केवल खजूर ही खजूर
केवल पीपल ही पीपल

कि विकल्पहीन हो जाए दृष्टि

कितने टोटे में है वह आँख
जो केवल एक-से ही दृश्य देखना चाहती है
दृश्यों से लबालब इस दुनिया में...

यह एक तथ्य था

उस भग्न महल के प्रवेश-द्वार का
एक ही स्तम्भ बचा था अब
शीर्ष पर सिंहमुख लिये,
हमने दिवंगत जुड़वा की तरह
दूसरे सिंहमुखी स्तम्भ की कल्पना कर ली

जगह-जगह टूटी थी चहारदीवारी की लय
कहीं भूमिस्थ कहीं धचकी
हमने महल को घेरती
एक विशाल चहारदीवारी की कल्पना कर ली

भीतर बदरंग प्रांगण था
जहाँ कहीं-कहीं उखड़े नाखूनों की तरह थी ज़मीन
और फिर सीढ़ियाँ थीं दो-चार
हमने पूरी सीढ़ी की कल्पना कर ली बिछी कालीनों के साथ
और फिर उस राजगद्दी की, जहाँ तक पहुँचाता था
सीढ़ियों का आरोह

हमने एक छत की कल्पना की
और फिर दायें हाथ से झलते बायीं ओर खड़े
और बायें हाथ से झलते दायीं ओर खड़े
चँवर डुलाते भृत्यों की

हमने भरे-पूरे दरबार की कल्पना की
अमात्यों द्वारपालों और विदूषकों की
और उन कवियों की जो दरबार की शोभा थे

जो मधुर कंठ से लय में त्रुटिहीन छन्दों में गाते थे विरुद

भीतर   और भीतर हमने अन्त:पुर की कल्पना की
राजा और महिषी के आधिकारिक प्रेम और
रानियों की ईर्ष्या की

महल के पिछवाड़े एक सूखे गड्ढे पर निगाह गयी हमारी
बताया गया यहाँ एक सरोवर था कभी
हमने उसमें जल की और जल में खिले कमलदलों की
कल्पना कर ली
और कमलों को कुम्हलाती उन पिंडलियों की
जो उतरती थीं हौले-हौले पानी में अडूबी-डूबी सीढ़ियाँ
और फिर घंटों अभिसारिकाओं के साथ
आवक्ष जलराशि में खेली गयी केलि की

घूमते-घूमते कुछ अस्थि-पंजरों से टकराये हमारे पाँव
जो पशु-पक्षियों के नहीं ही थे यक़ीनन
हमने एक ऐसे तहख़ाने की कल्पना कर ली
जिसका ताला कभी बाहर आने के लिए खुला ही नहीं

हमने एक कातर फ़रियादी की कल्पना की
उसके मलिन अधोवस्त्रों के साथ
और प्रार्थना में जुड़ी उसकी काँपती हथेलियों की

फरियाद जो
की गयी होगी कोई कर वसूलते कर्मचारी के विरुद्ध
या किसी बाहुबली के
या पड़ोसी के
या फिर राजपुत्र, श्यालक
या अमात्यों के विरूद्ध

हमने एक विशाल फ़रियादी घंटे की कल्पना की

फ़रियाद सुनने के बाद हुए विमर्श में
राजा के न्याय की कल्पना की
अन्याय के विरुद्ध

हाँ,   कभी राजा नहीं कर पाया होगा न्याय
कभी अन्याय को ही न्याय मानता रहा होगा

राजा के असफल न्याय या अन्याय की हद की
कल्पना भी कर ले गये हम
लेकिन...
ऐसे राजा के विरुद्ध क्या किया जाय
इसकी कल्पना करना आसान नहीं था

होने को तो   व्यवस्था यह भी थी कि
प्रजा को ऐसे राजा को उसी तरह त्याग देना चाहिए
जैसे छिद्रयुक्त नाव को यात्री त्यागते हैं
या फिर रोक देना चाहिए राजा का छठा भाग
या फिर कर देना चाहिए उसे अपदस्थ

लेकिन ऐसी कल्पना की अब कोई गुंजाइश नहीं थी

क्योंकि यह एक तथ्य था
कि राजा को प्रजा ने नहीं
एक दूसरे राजा ने ही अपदस्थ किया था...

असहमति

अगर कहूँगा शून्य
तो ढूँढ़ने लग जाएँगे बहुत-से लोग बहुत कुछ

इसलिए कहता हूँ ख़ालीपन

जैसे बामियान में बुद्ध प्रतिमा टूटने के बाद का
जैसे अयोध्या में मस्जिद ढहने के बाद का

ढहा-तोड़ दिए गये दोनों
ये मेरे सामने-सामने की बात है

मेरे सामने बने नहीं थे ये
किसी के सामने बने होंगे

मैं बनाने का मंज़र नहीं देख पाया
वह ढहाने का

इन्हें तोड़ने में कुछ ही घंटे लगे
बनाने में महीनों लगे होंगे या फिर वर्षों
पर इन्हें बचाये रखा गया सदियों-सदियों तक

लोग जानते हैं इन्हें तोड़नेवालों के नाम जो गिनती में थे
लोग जानते हैं इन्हें बनानेवालों के नाम जो कुछ ही थे
पर इन्हें बचाये रखनेवालों को नाम से कोई नहीं जानता
असंख्य-असंख्य थे जो

पूर्ण सहमति तो एक अपवाद पद है

असहमति के आदर के सिवा भला कौन बचा सकता है किसी को
इतने लम्बे समय तक!

पुताईवाला

एक दीवार के बाद दूसरी
दूसरी के बाद तीसरी
इमारत के बाद इमारत...

दीवारों के काँधों पर हो सकते हैं गुम्बद मीनारें
दीवारों के भीतर हो सकते है गर्भगृह

हाथ छोटे हैं तो क्या
सीढ़ियाँ छोटी नहीं

जालों में अटकी प्रार्थनाएँ
दरारों में छुपी मन्त्रणाएँ
ऊपर का गर्दों ग़ुबार
नीचे का कीचड़
सब साफ़ होना है

हाथ कूची फेरें
और दिमाग़ ख़ाली बैठा रहे
ऐसा तो नहीं

समय के अलग–अलग फाँक तो नहीं
कूची फेरना
और सोचना

एक ऊँचे स्थापत्य के शिखर पर दूसरा कोट करते वक़्त
सोचा उसने नीचे झाँकते हुए

क्या नहीं छू सकती उसकी कूची
नींव...

सारी इमारतों के अपने-अपने स्थापत्य हैं
सारे स्थापत्य होकर गुज़रे हैं उसकी कूची से

सबसे मज़बूत, समतल-चौरस
और सब इमारतों में यकसा पाये जानेवाला आधार ही
उसकी पहुँच के बाहर है...

ये भीड़ किधर जाएगी

देहें सभी की उल्टी लटकी थीं
रक्त सभी के चू रहा था नीचे थाल में
जीभें लटकीं और आँखें पथराई सभी की थीं
रानें सभी की डोल रही थीं   हवा में

गोश्त की दुकान और ख़रीदारों की भीड़

किसे माना जाय उल्टे लटके अपने समकालीनों में सबसे
बेहतर
किसी की आँखें बड़ी हैं   किसी की रानें
और किसी के शुक्र कोष

ये भीड़ किधर जाएगी ?

किसान और आत्महत्या

उन्हें धर्मगुरुओं ने बताया था प्रवचनों में
आत्महत्या करने वाला सीधे नर्क जाता है
तब भी उन्होंने आत्महत्या की

क्या नर्क से भी बदतर हो गयी थी उनकी खेती

वे क्यों करते आत्महत्या
जीवन उनके लिए उसी तरह काम्य था
जिस तरह मुमुक्षओं के लिए मोक्ष
लोकाचार उनमें नदियों की तरह प्रवहमान थे सदानीरा
उन्हीं की हलों के फाल से
संस्कृति की लकीरें खिंची चली आयी थीं
उनका आत्म तो कपास की तरह उज्जर था
वे क्यों करते आत्महत्या

वे तो आत्मा को ही शरीर पर वसन की तरह बरतते थे
वे जड़ें थे फुनगियाँ नहीं
अन्नदाता थे बिचौलिए नहीं
उनके नंगे पैरों के तलुवों को
धरती अपनी संरक्षित ऊर्जा से थपथपाती थी
उनके खेतों के नाक-नक़्श उनके बच्चों की तरह थे
वे क्यों करते आत्महत्या

जो पितरों के ऋण तारने के लिए
भाषा-भूगोल के प्रायद्वीप नाप डालते हैं
अपने ही ऋणों के दलदल में धँस गये

जो आरुणि की तरह शरीर को ही मेड़ बना लेते थे
मिट्टी में जीवन-द्रव्य बचाने

स्वयं खेत हो गये

कितना आसान है हत्या को आत्महत्या कहना
और दुर्नीति को नीति!

चींटियाँ–1

गुलाब के तने से होते हुए पंखुड़ियों में टहल कर वे लौट भी आयीं
और पेड़ को पता तक नहीं चला

वे ऐसे ही टहलती हैं

सम्भावना कहाँ–कहाँ नहीं ले जाती है

ठीक जहाँ से चटकती है कली
ठीक जहाँ फूटते हैं पुंकेसर
ठीक जहाँ टिकते हैं फूल   बौर   और फल
मीठे की सम्भावना है वहाँ–वहाँ उन जोड़ों में
बिना मिठास के जुड़ भी नहीं सकता कोई किसी से

मीठा–सा कुछ हो कहीं
चीटियों को जाना ही है वहाँ
रस्ते में ख़ाली हाथ लौटती चीटियों को देख लौट नहीं आना है
न होने को अपनी आँखों से देखना है
और होने को तो चखना ही है

एक दिन पायी गयीं कुछ चीटियाँ मृत   शहद से   दूर पाँव रहित
शहर में ही छूट गये थे उनके पाँव

चीन्हे मीठे ने नहीं
अचीन्हे चिपचिपेपन ने ले ली उनकी जान

चींटियाँ–2

लम्बी कूच पर निकली हैं ये

छोटे बच्चों ने कहा,
नहीं— प्रभात फेरी पर निकली हैं

लड़कों ने कहा,
वहाँ बिलों के भीतर लटके हैं। कई–कई पदक
बड़े–बूढ़ों ने कहा—
इसे कहते हैं अनुशासन
घर चलाना हो या मुल्क
ये बहुत ज़रूरी है

चींटियों ने मिलकर घसीटा एक तिलचट्टे को
शोधार्थियों ने कहा,
संगठनों का अभ्युदय यहीं से होता है

फ़ुर्सत निकाल कर गृहणियों ने भी देख चींटियों को
और कहने लगीं,
—हमसे ज़्यादा भला क्या खो गया होगा इनका...

अभिनय-अभिनय

(तीजनबाई को समर्पित)

उठा दुःशासन

दोनों पुतलियों ने भीतर ही भीतर मन्त्रणा की
कि उन्हें ठेठ नग्नता चाहिए

दर्शकों ने मन-ही-मन कसकर बाँध ली साड़ी

वो प्रमाद वो अट्टहास वो विषयकता
खींची जा रही है साड़ी बलिष्ठ कलाइयों की संयुक्तता में
बन-बिगड़ रही हैं शिखर घाटियाँ भावों की
अनावृत्तता का एक अपूर्व महोत्सव है

तालियों की गड़गड़ाहट है प्रेक्षागृह में

घर तीजन नहीं है ख़ुश
अभिनय में कलाकार को कभी-कभी भीतर से पूरी मदद नहीं मिलती है

फिर उठा भीम

पास ही बेसब्र खुले लहराते केशों ने कहा,
उनकी मुक्ति तो बन्धन में है

वो गह्वर गर्जन वो हुंकार वो प्रतिशोध
उठा हवा में दुःशासन को

चीर डालीं टाँगें बली भीम ने
व्रत पूर्ण हुआ   छाती शीतल

फिर गूँज है तालियों की प्रेक्षागृह में
गद्‌गद है तीजनबाई भी

अभिनय में कलाकार को कभी-कभी भीतर से पूऽऽरी मदद मिलती है

ख़बर

24 मार्च 2001 की यह ख़बर हांगकांग की है
—एक पत्नी ने
अपने पति को सैंडिलों से पीटा

दुनिया के सारे अख़बारों में है यह ख़बर आज

जो नयी है   वही तो है ख़बर
जो रोज़-रोज़ घटती है ख़बर नहीं होती

मोड़ और लड़की

अभी-अभी घर से निकली है लड़की
गेट के खुले पल्ले खुले ही हैं अभी तिरछे

माँ खड़ी है इसी आधे आदमी भर जगह में दोनों पल्ले थामे
कलाई की चूड़ियाँ कुहनी तक फिसल आयी हैं

देखती रहेगी लड़की को वह कस्बाई आँख से
मोड़ आने तक
मुड़ने के पहले लड़की भी देखेगी पीछे एक बार
यह सबसे बड़ा संवाद-पल है अभी

मुड़ते ही लड़की के, माँ भी लौट पड़ी है भीतर
चूड़ियाँ कलाई में लौट आयी हैं

माँ इस तरह जुट गयी है फिर से काम में
जैसे वह मोड़ आख़िरी मोड़ था।

ये पहाड़ियाँ

(इलाहाबाद से बाँदा जाते समय छोटी-छोटी पहाड़ियों में हो रहे खदान को देखकर)

एक तो यह उद्यम
कि निर्वसन होने से बचा ले जाएँ अपने को
जिसे अन्तत: हार गयीं ये पहाड़ियाँ
और खड़ी हैं नग्न

वसन   पूरा अस्तित्व तो नहीं
निर्वसनता के बाद भी तो बचाना होता है बहुत कुछ

ये लदे-फदे मगन लौटते ट्रक वही ले जा रहे हैं क्या
अपने पीछे धूल उड़ाते...

ये उनका अपना तरीक़ा है

दो हमउम्र औरतें
साथ-साथ चलतीं   बातें करतीं   जाड़ों की धूप में

एक की गोद में बच्चा है

जिसकी गोद में बच्चा है, वही माँ हो उस बच्चे की
ज़रूरी नहीं

चलते-चलते   बातें करते-करते
भार बाँट लिया जाये
और किसी को पता भी न चले

एक-दूसरे को निर्भार किये जाने का
ये उनका अपना तरीक़ा है।

छम्मो

यह एक चितकबरी बिल्ली का नाम है

पेट ऊपर काली है यह
पेट नीचे सफ़ेद

छम्मो गुज़रती है
खिले गुलाब के पौधे की बग़ल से
रंग दो से चार हो जाते हैं

ज़मीन का रंग इन सबमें
साड़ी की ज़मीन का काम करता है

एक विशाल नीले
चँदोबे के तले चल रही है छम्मो
एक गेहुआँ आदमी देख रहा है
छम्मो को मटकते जाते

छम्मो का क्या भरोसा
कहाँ चली जाय। कूदते-फाँदते-मटकते
भूमध्य से ध्रुवों तक
कहाँ से कह दे, 'म्याऊँ'

जो जाएगी भूमध्य की ओर
तो काला हो जाएगा पीछा करता गेहुआँ आदमी
और जो सुदूर उत्तर-दक्खिन गयी
गोरा हो जाएगा

छम्मो एक साथ लिये है दोनों रंग
उसे सभ्य कहूँ
या असभ्य... ?

अनाम

उस दिन वह आग कल्छुल में आयी थी पड़ोस के घर से
फूँकते-फूँकते अंगारों को न बुझते देते हुए

कभी-कभी
बुझ ही जाती है घर की सहेजी आग

दाता इतराया नहीं
और इसे पुण्य समझना भी पाप था

रखें तो कहाँ रखें इस भान को

पुण्य और पण्य से परे भी है कुछ अनाम
जैसे
दिवंगता माँ के नवजात को मिल ही जाती है
कोई दूसरी भरी छाती...

आम और पत्तियाँ

दो पत्तियों के पीछे छुपा है आम
अनुज है पत्तियों का

पत्तियों के सामने-सामने ही तो आये थे बौर
कुछ झड़े रुके कुछ

देखते-देखते बड़े हुए

हरे से पीले हुए
खट्टे से मीठे

अब इन्हीं पत्तियों को पिछवाता
बाहर निकल आया है आम

देशान्तर बिकने को तैयार आम बतियाते हैं आपस में
हवा-हवा के खेल में कैसे हार जाती थीं हमसे पत्तियाँ
ओलों से तार-तार हो कैसे बचाती थीं हमें
कैसे छूती थीं हमारी ठुड्ढियाँ बार-बार
ये रस ये मिठास और कहाँ से पाया हमने

बिकना है जल्दी-से-जल्दी इन आमों को
झटके में टूट आयी है पत्तियाँ भी
इन्हें बिकना नहीं है

पर ख़रीदार की आँखों को ताज़गी दे रही हैं पत्तियाँ
आमों को और भी क़ीमती बना रही हैं पत्तियाँ।

ट्रेन में

वह चलती ट्रेन में चढ़ा था

हम पहले से ही चार में पाँच बैठे थे
वह धच्च से हमारे बीच बैठ गया

बग़लवाला सकपका गया
मैं उसकी तमीज़ देखता रह गया

पर वो था कहीं और देखता रहा अनजान

सिर के दोनों ओर ढुलके उसके बाल
दसों उँगलियों को कंघी के दाँतों सा घुसा-घुसा व्यवस्थित करता
कमीज़ का एक बटन छोड़ सारे खोले
बाँहें मुड़ीं   एक कम एक अधिक
और टाँगे पसारे भरपूर   दायें-बायें
यानी मेरा अचाहत का भरपूर सामान

अब मेरे चाहने न चाहने से क्या... समय कैसा है

गले से एक ताबीज झाँक रहा है उसके
दायें-बायें हिलोरे मारता उसके सीने में
दिल को ठकठकाता

क्या पता इकलौता हो अपने माँ-बाप का
हर नज़र हर बला से बचे ये मन्नत की हो
क्या पता बाँह में बँधा हो गंडा

करधनी में हो कोई टोटका
जितना मैं नहीं चाहता, उतना ही चाहा गया हो उसे

हमारी नफ़रत के बरअक्स
कितना ज़रूरी और प्यारा है वह किसी के लिए

वह जो आउटर पर ही उतर गया है।

एक सेकिंड सर...

टण्णऽऽऽ

ये कॉलबेल पर अँगूठे का दबाव है
और अँगूठेवाले की आँखें दरवाज़े पर हैं
पर कोई नहीं आता बाहर

मई–जून की दोपहर
जब मर्द लोग बाहर रहते हैं
अगर घर पर हैं तो अलसाये रहते हैं

टण्णऽऽ फिर कॉलबेल बजती है

क्या पता बड़े घर में बड़ी तबीयत के लोग न हों
इसलिए अब गेट बज उठता है   भड़भड़ाकर

भीतर से सिटकनी खोल अलसाये मुँह झाँकता है कोई
और झुँझलाता है भरपूर... (ये नींद के...)

झुँझलाहट पूरी होने के पहले ही
टेप–सा बज उठता है कोई बाहर

सर... ये मेडीकेटेड मोज़े
देखिए सर, पहले ऐसे नहीं देखे होंगे आपने
रिसर्च के बाद अभी–अभी उतारे गये हैं बाज़ार में सर
सर, दुकान से लेंगे तो फ़िफ्टी के पड़ेंगे
हम थर्टी में दे रहे हैं

दो जोड़े लेने पर एक जोड़ा फ्री
यानी सिक्सटी में तीन जोड़े सर
गारंटी है सर...

नहीं... कुछ नहीं चाहिए
भीतर जाते जान छुड़ाते कहा जाता है
...पीछे मुड़कर देखना   फँसना है जी

सर... सर... एक सेकिंड पर...
शर्ट-टाई
रे बैन चश्मा
जूतों में पॉलिश
और इन सबमें पड़ी धूल की कई-कई परतें
साथ में एक लड़की
सिर पर कैप
बग़ल में बैग

सर...सर
एक सेकिंड सर
बात तो सुनें सर...
कोई बात नहीं सर
थैंक्यू सर...

और फिर अगला गेट...
तीन पग तीन लोक से ज़्यादा

हाँ, इसी बीच पोंछ लेना है पसीना
टाई थोड़ी ढीली कर लेनी है
कैप से हवा ले लेनी है

...टण्णऽऽऽ

इस बार एक औरत निकली है   झुँझलाती

इस बार मैडम-मैडम की तर्ज पर गाया गया चिरन्तन राग

आप कहाँ जाएँगी मैडम मार्केट-वार्केट
इस पैंतालिस डिग्री के भभके में
देखिये हम सब यहीं ले आये हैं

नाऽजी नहीं लेना
हर किसी से नहीं लेना
दुकान से लेंगी तो ख़राब सामान बदल भी जाएगा
आपको कहाँ-कहाँ ढूँढेंगे
ना जी   नाऽऽ

नहीं मैडम ऐसा नहीं...
एक सेकिंड मैडम
मैडम, मैडम
पर डूब गयीं आवाज़ें गेट बन्द होने की आवाज़ में...

एक छोटे से पार्क में दो प्राणी सुस्ता रहे हैं अब
पेड़ की छाँह तले
एक कुत्ता हाँफ रहा है जीभ निकाले वहाँ
उसे मालूम है ज़मीन यहाँ अपेक्षाकृत नम है

जूते खोल पैर फैला   दोनों हाथों को पीछे टेक
किसी बात पर हँस पड़े हैं दोनों प्राणी
भीतर उछल पड़ी हैं अँतड़ियाँ
एक पब्लिक नल से नाराज़ हो
चल पड़े हैं दोनों   ढाबे की ओर...

'दो प्लेट समोसा'
'छोला मिलाकर'
'चटनी भी'

दो प्राणी टूट पड़े हैं प्लेटों पर

एक पर्त एक छिलका एक दाना नहीं गिर रहा नीचे
गटागट पानी पी
फिर हल्के मज़ाक का आक्सीजन ले रहे हैं

ढीली पैंट कस कर
टाई को सेंटर कर
रे बैन पोंछ
कैप फटका कर
फिर चल पड़े हैं
कॉलबेल दबाने
गेट खटखटाने

सर! सर!
मैडम! मैडम!
एक सेकिंड सर
मैडम एक सेकिंड
सरऽ सरऽ

थैंक्यू सर...

लाइफ सर्टिफिकेट

आज उन्हें जीवित होने का प्रमाण-पत्र लेना है
आज बाबूजी   पेंशन दफ़्तर जाएँगे

परख रहे हैं अभी
अपने हाथों का ज़ोर और पैरों की टेक
जैसे कभी अखाड़े में उतरने से पहले परखा करते थे

पुरानी पेंट के बने झोले में रख लिये हैं उन्होंने पेंशन काग़ज़ात
अब सोच रहे हैं क्या-क्या भूल गये हैं

नहीं,   वहाँ नहीं दिखानी है उन्हें अपनी जर्जर किडनी
दिल के दौरे की रिपोर्ट भी नहीं
न शुगर की रिपोर्ट   न बी.पी. की
बस दिखाना है कि हम जीवित हैं

पोते को साथ ले
एक रिक्शे में चल पड़े हैं बाबूजी...

उतरिए बाबूजी उतरिए
आ गया पेंशन दफ़्तर
सँभल के उतरिये   झटका न लगे
कहीं कूल्हे की हड्डी दुबारा न उतर जाये

उनकी छड़ी ने छू ली है धरती
छड़ी का कम्पन ही शरीर का कम्पन है
क्या पता प्राणों का कम्पन भी शामिल हो इसमें

सिर तक पूरा शरीर कह रहा है
ना ना ना

क्या कहा उतर नहीं पाएँगे आप?
बाँह गह कर भी नहीं?
बाबूजी ने अपनी गरदन ही घुमा ली है...

अच्छा रुकिए
यहीं बुलाकर लाते हैं पेंशन अधिकारी को
दिखाते हैं कि आप जीवित हैं...

...हाँ   यही हैं पेंशनर दिव्यदर्शन
देखिए इनकी आँखें कह रही हैं कपास की ओट से
—मैं ही हूँ दिव्यदर्शन
देखिए इनके होठ तस्दीक करने जा रहे हैं नाम

पर ये क्या
ग्रह नक्षत्र दिशा घड़ी देख
सहस्रों में से छाँटकर रखे गये एक सुन्दर से नाम के
ये कैसे अव्याकरणीय हिज्जे हो गये हैं
थाती में मिली जाति   तालू से चिपक कर रह गयी है

बाबू दि.द. बड़े ग़ौर से देख रहे हैं
उनके होठों ने अपनी शक्तियाँ डेलीगेट कर दी हैं उनकी आँखों को

पहचाने जाने वाली आँखें देख रही हैं   पहचानने वाली आँखों को
—कल तक हम भी थे तुम जैसे ही
—हम भी होंगे कल तुम जैसे ही
अनन्त है दो जोड़ी आँखों का यह परिसंवाद...

उधर पास में गठरी-सी एक विधवा उपस्थिति कह रही है
हम भी जीवित हैं

हमें भी चाहिए एक प्रमाण-पत्र
उसकी गुड़ीमुड़ी असहजता में
इसके पहले यहाँ कभी न आना शामिल है

हाँ, कोई चला गया अँगूठा दिखाकर उसे
वह बढ़ा रही है अँगूठा अपना
और काग़ज़ पर अँगूठे की छाप पड़ रही है

उसके अँगूठे की छाप में
कितनी रेखाएँ रह गयी हैं अभी तक अघिसी
देखना है।

थर्मस

बाहर मौसम दरोगा-सा

कभी आँधियाँ   कभी बौछारें
कभी शीत की मार कभी ताप की
अपनी शर्तों पर सभी कुछ

सभी कुछ झेल रही हैं बाहर की दीवारें
कुछ भी पता नहीं है   भीतर की दीवारों को

भीतर काँच की सतह पर गर्म दूध
हिलोरे ले रहा है
एक दिव्यलोक जहाँ
ऊष्मा बाँट ली जाती है भीतर-ही-भीतर

बाहर का हाहाकार   नहीं पहुँच पाता भीतर
भीतर का सुकून   बाहर नहीं झाँकता

एक छत के नीचे की दो दीवारें हैं ये
जिनके बीच रचा गया है एक वैकुअम
बहुत बड़े वैकुअम का अंश है यह
संवाद के बीच पड़ी एक फाँक है

इंकार का एक टुकड़ा है।

पैदल चलता आदमी

वृन्तों से पूछा उसने
जड़ों का हाल

फूलों से पूछी
फलों की उम्मीद

टूटी एक उपशाख को
ठुड्डी की तरह उठाया ऊपर

कहा काँटों से
अभी तुम फूल जैसे कोमल हो
कुछ और तपो तुर्शी के लिए...

ये उसके हाथ हिलते हैं कि बतियाते हैं आसपास से
किस लय-संगत में हिल रहा यह सिर
बड़बड़ा रहा कि किसी प्रश्न का उत्तर दे रहा

पागल कह सकते हैं उसे आप
पर फूल कहते हैं
हम बतियाएँगे सबसे पहले उससे
काँटे कहते हैं   हम

फूलों में भी रंग कहते हैं हम बतियाएँगे पहले
ख़ुशबू कहती है   हमऽऽ हम

कितना अपना होता है पैदल चलता आदमी।

उसके भाग से

वह ख़ाली तसला लिये खड़ी थी सड़क किनारे
ये भैंसों का उधर से गुज़रने का समय था

इस समय जब राजधानी में एक ग्लोबल टेंडर खुलने ही वाला है
उसे समेटना है ताज़ा गोबर

हालाँकि ताज़े से उसका उतना लेना-देना नहीं
जितना इस आशंका से कि इस बीच कोई दूसरा न आ जाये
और फिर छोकरे तो झुंड-के-झुंड घूमते रहते हैं
भैंसों के पीछे-पीछे

एक आवाज़ आयी
और चैतन्य हुई वह
भरपूर गिरा था उसके भाग से
वह दौड़ने को हुई
पर फिर एक आती कार को देख ठिठक गयी
उसे गुज़र जाने देने के लिए...

उसने फिर दायें-बायें देखा, कोई छोकरा आ तो नहीं रहा दौड़ते
उसने फिर देखा
गोबर के ठीक ऊपर से गुज़र गया है कार का पहिया
एकदम नयी डिज़ायन बनाता...

प्रजातन्त्र

शीशे का एक जार टूटा है

एक हाथ छूटा है कोमलतम गाल पर अभी
चंचलता का काँचपन टूटा है

घर तो एक प्रजातन्त्र का नाम था

बार-बार कहा गया था कि
जनता राज्य में ऐसे विचरे
जैसे पिता के घर में पुत्र

प्रजातन्त्र टूटा
एक मिथक की तरह...

कार्य ही पूजा है

यह एक नीतिवाक्य है

कारख़ाने के बाहर गेट के ऐन बग़ल में टँगा है यह
ये काम लेनेवालों की ओर से काम करनेवालों के लिए है

गो कि कहीं नहीं है दर्ज   कारख़ाने की बैलेंसशीट में
पर एक सम्पत्ति की तरह लटका है यह

कामगारों के लिए
उनके सिर पर लगातार पड़ता एक भारी हथौड़ा है यह

भीतर तो भीतर
गेट के बाहर निकलने के बाद भी उनकी पीठों पर
दूर तक बेताल प्रश्न-सा चिपका रहता है यह

गेट के भीतर समय बदल रहा है   पारियों में
अयस्कों के लिए तापमान बदले जा रहे हैं
चीज़ें आकार बदल रही हैं
मशीनें धरती की छाती को हिला रही हैं
ब्लेड चिंगारियों के फूल खिला रहे हैं

छोटे दाँतों की दुनिया पाँच बार घूमती है तो
एक बड़ा दाँता खिसकता है

यहीं
हाँ, यहीं एक दिन

बड़े दाँते के पेट में जाम होकर रह गये छोटे दाँते
ब्लेडों की चिंगारियाँ थम गयीं अचानक

फ़ायदे के लिए खुला एक कारख़ाना
बन्द होने में फ़ायदा देखने लगा
नीतिवाक्य की बग़ल में लटक गया एक बड़ा ताला

इस बीच उदारता विश्वव्यापी हो गयी थी
और स्थानीयता आत्महत्या करने लगी थी

नीतिवाक्य लटका था बाहर जस का तस
जबकि भीतर सम्पत्तियाँ निकस गयी थीं सारी
ऐसे में ही एक कामगार के लड़के ने
जो भरपेट पानी पिये हुए था
उखाड़ लिया वह नीतिवाक्य
और हवा में उछाल दिया यथाशक्ति...

एक पेड़ से जा टकराया वह नीतिवाक्य
और अपने वेग को खो गिर पड़ा
एक उठती दीवार के ताज़े सीमेंट पर

अच्छी ख़ासी चहल-पहल थी दीवार की दोनों ओर
एक ओर से उठ रही थी अज़ान की आवाज़
दूसरी ओर धुआँधार कीर्तन चल रहा था
दोनों ओर से दौड़कर आये थे लोग
दैवीय करिश्मा समझ

'कार्य ही पूजा है'
देखा उन्होंने
'ये किसी की साज़िश है'
कहा उन्होंने।

नाम

चूँकि झाड़ी की ओट नहीं छुपाई जा सकती थी आवाज़
एक किलकारी उसका वहाँ होना बता ही गयी

झाड़ी न होती तो कोई नाला होता   या ताल
मिल ही जाता है ऐसे नवजातों को अपना कोई लहरतारा

क्रन्दन करते
टुकुर-टुकुर ताकते
और कभी निष्पन्द...

कयास ही लगाये जा सकते हैं ऐसे में केवल
जैसे लगाये जाते रहे हैं   समय अनन्त से
—अवैध आवेग की देन होगा
कुँआरे मातृत्व का फूल
किसी अमावस पल में रख गया होगा कोई चुपचाप यहाँ

होगा... होगा... होगा

जो होता कोई बड़ा तो पूछ लिया जाता
कौन बिरादर हो भाई
कौन गाँव   जवार के
कैसे पड़े हो यहाँ असहाय

बता देती उसकी बोली-बानी कुछ
कुछ केश बता देते   कुछ पहनावा
होने को तो त्वचा तक में मिल जाती है पहचान

अब इस अबोध को कैसे पहचाना जाय
गगन भेदे जा रहा है इसका क्रन्दन

पास से गुज़रती एक निराश कोख में अजीब-सी हूऽऽक उठी है
एक उदास नाभि थरथरायी है एक लिथड़ी नाल को देख

चरक!
सुषेण!
लुकमान!
बचा लो यह चीख...

एक गोद में एक फल आ गिरा है
एक फूल सूखी टहनी से जा लगा है

चार-पाँच घंटे के एक शिशु को
दूध देने से पहले दे दिया गया है एक नाम

नाम— जैसे कोई उर्वर बीज
एक बीज को नम ज़मीन मिल गयी है
धँस रहा है वह
अँकुरा रहा है वह

इस नाम को सुनते-सुनते वह समझ जाएगा यह मेरे लिए है
इस नाम को सुनते ही वह मुड़ पड़ेगा उधर
जिधर से आवाज़ आ रही है

अपने नाम के साथ एक बच्चा सयाना हो रहा है
और सयाना होगा और समझदार
इतना कि वह नफ़रत कर सकेगा दूसरे नामों से

नाम को सुनकर आज उसने कई घर जलाये हैं
नाम सुनकर आज उसने कई घर छोड़ दिये हैं

धुआँ है नाम
वह आग तक पहुँच रहा है

कोई है
जो नाम के पीछे चौबीसों घंटे पगलाये इस आदमी को
झाड़ी के पीछे के
अनाम अगोत्र पाँच घंटों की याद दिला दे...

कैमरामैन! देखो

हवा चल रही है
पत्ते हिल रहे हैं

जिन पेड़ों पर पत्ते नहीं
उनमें बैठे कबूतर हिल रहे हैं

सूखी साड़ी की तरह हिल रही है
झील की ऊपरी सतह
बच्चों की नावें हिल रही हैं

कैमरामैन! देखो-देखो
एक ही फल पर दृष्टि गड़ाये
दो पक्षियों के सम्बन्ध हिल रहे हैं...

ईश्वर

उसकी आँखें खुली समझ
उसके लिए एक नारियल फोड़ दो
एक बकरा काट दो
दिन में शीश नवा लो कई-कई बार

उसकी आँखें बन्द समझ
बिना यात्रा किये यात्रा बिल बना लो
डंडी मार लो   बलात्कार कर लो
या गला रेत दो आदमी का

एक बड़ी सुविधा है   ईश्वर

चिड़िया की आँखों में

चिड़िया चहक रही है
हमारे चहकने की सहस्राब्दियाँ गूँज उठी हैं

चिड़िया की चोंच में एक तिनका है
हमें अपना पहला बसेरा जुगाड़ता आदमी
दिखाई दे रहा है

चिड़िया फुदक रही है
डाल पर दीवार पर आँगन में
चिड़िया, पर फैलाये फुर्र-से ओझल हो गयी है...

एक यान आकाश नापने के बाद
लौटता दिख रहा है
जैसे चिड़िया लौट रही हो

आदमी किसने बनाया आदिम को
यह इतिहास
चिड़िया की आँखों में पढ़ा जा सकता है

अपनी रचना–प्रक्रिया तो बताओ

अंकुर फूट रहे हैं जहाँ–तहाँ
हरी पत्तियों से पाटा जा रहा है शून्य
फल देने को बौराये हुए हो

पेड़! ज़रा अपनी रचना–प्रक्रिया तो बताओ

नहीं बताओगे?
चुप रहोगे यों ही क्या?
अरे भई, इतना कुछ रच रहे हो
बताओगे कुछ नहीं?

कितने बसन्त बीते
पतझड़ बीते कितने
कभी कुछ नहीं बताया तुमने...

और अब बूढ़े हो चले हो
अब गिरते वक़्त तो बता दो भाई...

लो, आख़िर गिर गये तुम ज़मीन पर
बिना कुछ बताये

देखो
तुम्हारी कुछ शाखों के दरवाज़े बन रहे हैं अब
कुछ की मेज़–कुर्सियाँ
और उपशाखों की जलावन

कुछ लोग तो तुम्हारी सूखी छाल निकाल रहे हैं
कहते हैं ये औषधि है
और तुम्हारी उखड़ी जड़ ने तो बना दिया है
एक ऊँचा टीला

बच्चे चढ़ रहे हैं उस पर
बड़े दाँतों तले उँगली दबा रहे हैं

अपने प्रश्न का उत्तर पा गये हैं
शायद।

मनुष्य होने पर ही

कि मनुष्येतर भी है संसार
मनुष्य होने पर ही जाना हमने

बैल होने पर हम केवल जुतना जानते, खूँटा जानते अपना
अपने सहजुते बैल को चाट लेते कभी
कभी सींग मार लेते

चींटियाँ होने पर मिठास जान लेते शायद
पेड़ होने पर धूप, हवा और मिट्टी जान लेते
कोयल होने पर कौए से राजनीति कर लेते
लेकिन उसमें न पश्चात्ताप होता न अपराध-बोध

व्याकरण नहीं रचते अगर मनुष्येतर होते हम
न विचार-मन्थन करते न आविष्कार
कोई धरोहर न होती हमारे पास

सारा सबकुछ सोचा हमने मनुष्य होकर ही समग्रता में
इस सम्भावना के साथ कि बहुत कुछ दबा है अभी जानने को
अपने जाने हुए में भी संशोधन किये हमने कई-कई बार
अणु के यथार्थ को पहचाना तो विराट की फन्तासी भी की

शायद बहुत पहले हमने मनुष्य होकर भी नहीं जाना
कि मनुष्य हैं हम
जब हमने जाना कि हम मनुष्य हैं
तब हमने यह भी जाना कि

हमारा जानना   जानना नहीं   'अविद्या' है
मनुष्य कुछ नहीं है मनुष्य होकर भी हमने सोचा
और यह कि सच है अगर तो कुछ और है, मनुष्येतर

नहीं सोचा तो हमने केवल यह नहीं सोचा
कि मनुष्य ही सच नहीं है अगर
तो वह सच कैसे है
जो सोचता है   यह मनुष्य, मनुष्येतर

तमीज़

जेब से निकली वह क्रीजदार रूमाल
बार-बार मुँह का जूठा पोंछ रही है
मगर गन्दी नहीं हो पा रही है

दिखने लायक जूठा कहीं था भी नहीं

बचा-बचा बीन-बीनकर खा रहा था इतने सलीक़े से वह
कि जूठा होना ही नहीं था

चेहरा भी उसका दर्पण रहा

उसी में देखा मैंने
जूठा मेरे चेहरे पर लगा था...

ऑपरेशन के बाद

बाहर अटूट देखते रहने के बाद भी
नहीं भरा हिया
परस भी चाहिए उसे परस

आँखें दिपदिपाता खरगोश का ये बच्चा हरी घास में
रूठ कर दहाड़ मारती दो दाँतोंवाली ये बच्ची
ये हुमक-हुमक कर दूध पीता बछड़ा
ये सिर उचकाते फूलों के पुंकेसर...

गोकि हाथ काँप रहे हैं अशक्त
लेकिन छूकर ही मिलना है तोष

...मौत को अभी-अभी उसने
अपनी बच्चेदानी देकर लौटाया है।

अधैर्य

प्रश्न हल कर लिये जाने के बाद
और उत्तर मिलान के पूर्व

...जवाब नहीं इस संशयातुर विकल मध्य-पल का

थूक लगी उँगलियों ने
पलक झपकने के पहले ही
उत्तरमाला के पन्ने पलटवार रख दिये हैं

अपने को ही परखने का ऐसा अधैर्य
और कहाँ
सिवा छोटी कक्षाओं के...

प्लेटफॉर्म पर

कोई नाम पूछता है तो लगता है
भीतरी जेब का अस्तर काट रहा है

अभी पूछेगा जाना कहाँ है?

भूख है, नहीं खाता सामने ही तली जा रहीं गर्म-गर्म पूड़ियाँ
प्यास होने पर पानी नहीं पीता, चाय नहीं पीता ठंड लगने पर
उकताहट होने पर मैगज़ीनें नहीं पलटता
सबकुछ उपलब्ध है जबकि यहाँ प्लेटफॉर्म पर

मैं सबसे पहले तलाशता हूँ कि यहाँ प्लेटफॉर्म पर कोई
ज़ंजीर की दुकान है कि नहीं

ये सच है कि सारी ज़ंजीरें ख़रीद कर भी नहीं बाँध सकता मैं
यहाँ की सन्दिग्धता
न ही खींच पाऊँगा
अपने समय से बाहर चलती रेलगाड़ियों को

बस निगाहों से बँधी अटैची को सीट पर बाँध लूँगा
किडनी पर का दबाव हल्का कर लूँगा

मेरा आँगन

बच्चे
दिन भर
ऊधम मचाते हैं

बच्चों ने
आँगन को
क्रिकेट का मैदान बना दिया है

माँ ने
कुछ फूलों के पौधे
रोप दिये हैं
आँगन की दाहिनी ओर

माँ ने
आँगन को
उपवन बना दिया है

भाई ने
बायीं ओर जगह देख
कुछ बीज बो दिये हैं
लौकी के
सेम के
कद्दू के

भाई ने

आँगन को
खेत बना दिया है

मेरे घर का हर सदस्य
आँगन को
अपने तरीक़े का बनाना चाहता है

मेरा आँगन   आँगन नहीं
हिन्दुस्तान हो गया है।

मुक्ति

वह पुर्ज़ा चलता रहा ढीला होकर भी
कुछ देर तक   कुछ दूर तक

अपने ढीलेपन को बज-बजकर बताता भी रहा
पर गाड़ी की भारी भरकम गौं-गौं में दब गया

ढीलेपन की शुरुआत होती ही ऐसी है
कि शुरू में सबकुछ ठीक-ठाक-सा लग रहा होता है
पर पुर्ज़ा जानता है हाथ से सरकती जाती अपनी सामर्थ्य

डाल से टूट गये हरे पत्ते-सा पड़ा है बोल्ट सड़क पर
किसी मिस्त्री की तेज़ निगाह की दरकार है उसे
या फिर ऐसी आदत की जो किसी भी चीज़ को
कभी बेकार नहीं समझती

मुक्ति नहीं है यों एकान्त में पड़े रहना
भीतरी चूड़ियों के कसाव की संगत में ही है मुक्ति...

बुढ़ापे के लिए नहीं

गाय अपने बछड़े को चाट रही है
रह-रहकर चाट डाला है उसने पूरा बदन
कान के भीतर जाती सुरंग को भी दूर तक

कुछ जमा है वहाँ अवांछित
एक चिड़िया भी रह-रहकर चोंच छुआ रही है वहीं

थनों की तरफ़ हुमक रहा है बछड़ा बार-बार
पर मुँह में जाली बँधी है

मालिक कूटनीति के तहत जाली लगवाये है मर्द बच्चे के मुँह पर
चिड़िया भी अपने स्वार्थ के लिए चोंच मार रही है
पर गाय के लिए ऐसा नहीं कहा जा सकता

गाय अपने बुढ़ापे के लिए भी नहीं चाट रही।

पनचक्की

पनचक्की
नदी से माँगती है एक छोटा हिस्सा
उसी में एक गृहस्थिन की तरह
पूरा संसार चलाती है

लम्बी नहर
भोजन नली-सी
पनचक्की के कंठ तक पहुँचाती है पानी
पानी में घोलती है ताक़त
उदास फितड़ों को नचाती है।

गूँगा बोलने लगता है
लँगड़ा भागने लगता है
अँधेरे में जैसे झक्-से जल जाता है कोई बल्ब
पनचक्की ज़िन्दगी के गीत गाने लगती है
उसके चप्पे-चप्पे में उड़ने लगता है
दूधिया रंग

नहर को मिलती है पोदीने की हरियाली
और नदी को लौट आता है उसका पानी

जिसका जितना देय
सब चुकता करती है पनचक्की
एक गृहस्थिन की तरह।

पहाड़

खड़े हैं पहाड़
आँगन के सबसे चौड़े पत्थर पर
जैसे खड़ा हो नंग-धड़ंग बच्चा

भौंहें धूल में डूबीं
पसीने से लथपथ
बड़े भाई के बाद नहाने की प्रतीक्षा करता
माँ की गोद में फेंक उल्टा कच्छा बनियाइन
माँ के सामने खड़ा ज्यों
खड़े हैं पहाड़

बरस रहे हैं बादल
माँ एक-एक लोटा पानी उड़ेल रही हो जैसे
भरी बाल्टी से
भींग रहे हैं पहाड़

झुक आये हैं बादल
बहुत नीचे घाटियों तक
माँ घुटने एड़ियाँ साफ़ कर रही हो जैसे देर तक
बालों से टपक रहा हो
टप्प-टप्प पानी
तौलिया ढूँढ़ रहे हैं पहाड़

अभी-अभी नहाये बच्चे-सा
चमक उठे हैं।

गाँव के सीमान्त पर खड़ा वह पेड़

जैसे घर जाने पर एक साल नहीं मिले थे दादा
इस बार तुम नहीं मिले

हर बार की तरह इस बार भी यही कहा था बस के ड्राइवर से
गाड़ी रोक देना तुन के पेड़ के सामने
इस बार आया ही नहीं तुन का पेड़
और बस बढ़ गयी अगले मोड़ तक

हमारे बचपन में जवान थे तुम
अखाड़े में कूदने को तैयार-से
तुम्हारी भुजाओं की ऐंठी मछलियों पर
जब सूर्य की पहली किरन पड़ती थी
मालिश किये पहलवान की तरह दमकते थे तुम

क्षितिज तुम्हारी शाखों की गझिन हरियाली में विलीन हो जाते थे
चाँदनी एक पत्ते से फिसल कर दूसरे में अटक जाती
और बरसात तरस कर रह जाती
तुम्हारे नीचे खड़े आदमी को भिगोने को

घास से लदी युवतियाँ बोझ बिसाने बैठती थीं तुम्हारी छाँह तले
और बग़ल से गुज़रती गूल में पाँव लटकाकर छपकोली करतीं
बहते पानी में नहाती थी उनकी पायल
भीतर ही भीतर बजती थी नन्ही लहरों से टकरा-टकरा कर

उनमें से कुछ मायके से आयी होती थीं अभी-अभी
कुछ मायके से जाने वाली होती थीं

एक-दूसरे पर रंगीन बौछार करते हुए रिश्ते थे उनके

गाँव की सयानी औरतें यहीं पर इसरार करतीं
नववधुओं की डोली रुकवाने का
और घूँघट उठाकर चाँद का दर्शन करतीं
पूछतीं मायका ससुराल
और आशीर्वाद की झालरों से लाद देतीं

तुम्हारे तने की छाल पर चारों ओर लड़कों ने गोद रखे थे
अपने नाबालिग सपनों के नाम

पतझड़ में जब उतर जाते तुम्हारे वसन
तुम्हारा दिगम्बरपन देख रात भर रोती रहती नदी कुथलाड़
कि कहीं जीवन की कल-कल, छल-छल से न हो जाओ विरक्त तुम
यों भी नदियाँ रात को ही रोया करती हैं
काली गाढ़ी रजाई के भीतर

तुम्हारी विवर्ण पत्तियों का पतझड़ी बिछावन
जो समेटें हाथ तो बनें जलावन की पूर्व-पीठिका
जो पैरों तले दबें तो दे जाएँ टूटन का संगीत
जो कुछ नहीं तो सहस्रबाहु बयार ले जाएँ अपने अंक में समेटे

तुम्हारी जड़ें गूल के तले से होकर
उभर आयी थीं सड़क और सीढ़ीदार खेतों तक
आसमान देखकर चलने वाले इससे
अक्सर ठोकर खा जाते
बे मन चला कुदाल का लोहा फँसकर टूट जाता

ऐसे समय जब चारों ओर हरियाली छायी जाती
तुम चुपचाप कहीं-न-कहीं से सूख रहे होते अलक्षित
जब गिद्धों की पाँत बैठ जाती किसी ऐसी शाख पर
प्राण छोड़ते जानवर की प्रतीक्षा में
तुम्हारा सूखना टूटने में दिखाई पड़ता तड़तड़ाकर

नया मकान तुम्हें प्रणाम करता था
और तुम कहते   दीर्घायु हो
तुम्हारी बाँहों की मछलियों पर   आरी चली तो क्या
रन्धा चला तो क्या
तुम्हें सन्तोष था
छत की मुँडेर नीचे चिड़ियों के लिए बना दिए गये हैं
छोटे-छोटे आश्रय गुह

धीरे-धीरे उम्रदराज़ होते गये तुम
धीरे-धीरे कम होते गये वे बूढ़े
जो तुम्हारी जड़ों में बैठकर गढ़ते थे क़िस्से-कहानियाँ
प्रासंगिकता पिछड़ ही जाती है
जब वे नहीं रहे
जिनके साथ रहे तुम
तुम्हारे बुढ़ापे में जो बच्चे हुए
उनके लिए तुम कैसे हो सकते हो वही
जो तुम अपने बचपन के बच्चों के लिए थे

वैसे भी यह केवल औरतों का गाँव होता जा रहा है
जिनके मर्द बाहर हैं रोज़ी के लिए
जो एक ओर देख रही हैं छोटे-छोटे बच्चों को
और दूसरी ओर बुढ़ाते सास-ससुर को

तुम साक्षी हो छोटे-से गाँव के एक कालखंड का
तुम साक्षी हो नदी, पहाड़, पक्षी, बसन्त, पतझड़ों का
तुम्हारा ढहना एक पुष्ट साक्ष्य का ढहना है

तुम्हारे पास ही
उग आया था एक नया पेड़
तुम्हारे घुटनों तक पहुँचता-पहुँचता
तुमने अधमुँदी आँखों से देखा होगा—

नयी पीढ़ी के बच्चे
उसे अपने भीतर लिये टहलने लगे हैं...

ये फूल बसन्त में नहीं खिलते

बसन्त में ही क्यों नहीं खिल गये ये फूल
ऑर्केस्ट्रा के एक साज़ की तरह क्यों नहीं हो गये

ठीक इस वक़्त जब मौसम
अपनी दबिश बढ़ा रहा है
ये फूल सर उठाने लगे हैं

जब आग लगी है चारों ओर अभी
इनके रंग झील की तरह लहराने लगे हैं

ये टेसू   ये गुलमोहर   ये अमलतास

और उधर कछारों में हँसने लगे हैं
पीले-पीले फूल तरबूज के
उन फूलों के पीठ पीछे चले आ रहे हैं फलों के काफ़िले
बाहर सूर्य का ताप जितना अझेल हुआ जा रहा है
भीतर ये उतने ही रसीले, मीठे और लाल हुए जा रहे हैं

यह वक़्त है
जब कामदेव के सारे बाण निस्तेज हो चुके हैं
और रति के जूड़े के सारे फूल
झड़ चुके हैं

लाश–घर में

इन्हें पहचानना है अपना आदमी

पहले तो यही सोचेंगे
न हो इनमें कोई वह

होने को दबाये अपने भीतर कहीं
पहचानेंगे सबसे पहले चेहरा
चेहरे में नाक
चेहरा बुरी तरह कुचला हो तो धड़
धड़ में हाथ–पाँव
अगर बची हो तो हाथ की अँगूठी से

पहचान लेगी महतारी
बचपन की चोट या किसी तिल से
बहन कलाई से
कपड़े, जूते, चश्मे से बच्चे
आँख मूँद कर पहचान लेगी अर्द्धांगिनी

ज़रूरी नहीं इस अम्बार में सभी हों सीधे–सादे
कुछ रहे होंगे हत्यारे भी
कुछ आत्महन्ता रहे होंगे
कुछ के मामले में हत्या को दिया होगा आत्महत्या नाम

कुछ होंगे अक्षत
राजकुँवर जैसे
साबुत, जस के तस

कि कोई भी पहचान ले
लेकिन हो सकता है
उन्हें पहचानने से ही इंकार कर दिया जाय

ये ज़रूरी नहीं लाश ही हो क्षत-विक्षत
पहचानने वाली आँखें भी हो सकती हैं
जो अपनों की न होते हुए भी कह दें
हाँ यह वही है
वही।

बेचैनी और बच्चा

आज बच्चा काफ़ी बेचैन था

प्लास्टिक का हाथी
मिट्टी का शेर
चाबी भरी कार
रोज़ उसका जी बहलाने वाले लोग
आज बेअसर सिद्ध हो गये थे
बच्चा आज काफ़ी बेचैन था

बच्चा
कभी हाथ की अँगुलियों से मसूढ़े को रगड़ता
और कभी पैर के अँगूठे से
जब अपने शरीर के प्रयोगों से थक जाता
जिस किसी की उँगली सामने पाता
अपने मसूढ़ों तक पहुँचा देता

बच्चे की पूरी रात बेचैन कटी थी

बच्चा, न गोद में शान्त था
न बिस्तर पर
बच्चा घुटनों ही के बल
सारा घर रौंद रहा था

अगले तीन-चार दिन
इसी तरह पिनपिनाता रहा बच्चा
पर एक सुबह बच्चे के लिए

सुखद परिवर्तन लेकर आयी
बच्चे के वीरान मसूढ़े में उभर आया
चमकीला
नुकीला
एक दाँत

वह अकेला उभर आया दाँत तो
एक संकेत मात्र था
उसके पीछे-पीछे चली आ रही थी
दाँतों की एक ब्रिगेड...

पकाव

हमसे आया न गया
तुमसे बुलाया न गया...

उस वक़्त यही गाना चल रहा था उसके पॉकेट ट्रांजिस्टर में
केलों से भरे ठेले के कहीं बीच से आ रही थी यह आवाज़
जिसे ठेल रहा था वह लड़का

सुननें वाले ताकते रहे इधर-उधर
कि कहाँ से आ रही है आवाज़
पेट सटाये ठेले की बीड पर
वह ठेला ठेल रहा था

मन्द-मन्द मुस्करा रहा था

ले आया था अधपके केले मंडी से सुबह-सुबह
जिन्हें अभी
तलत महमूद की आवाज़ की कम्पन पका रही थी

दृश्य

हम सब एक ही गाड़ी की प्रतीक्षा में थे
गाड़ी आने पर एक साथ चढ़े थे

एक सीट पर तुम बैठ गये
एक पर मैं
मगर आमने-सामने
खिड़कियों के पास

पास आते हुए खेत, बावड़ियाँ, फलों के लदे बाग़
ये सारे तुम्हारे दृश्य थे

यही दृश्य देखे मैंने भी
मगर... सब छूटते हुए

तुम्हारा मुँह इंजन की ओर था
मेरा   पीछे के डिब्बों की ओर

इधर है आज़मगढ़

(त्रिनीडाड के पूर्व प्रधानमन्त्री, जिनके पूर्वज पूर्वी उत्तर प्रदेश से गिरमिटिया बन कभी गये थे, के आज़मगढ़ आने पर)

बिके हुए जानवर को क्या मालूम
कि उसे कहाँ ले जाया जा रहा है

उन्हें भी नहीं मालूम था कि उनका जहाज़ कहाँ जा रहा है...

जहाज़ समन्दर को चीर रहा था
माटी का अलगाव उनकी छाती को

ब्याही बेटियाँ अगर परदेस गयी थीं
तो वे कहाँ जा रहे थे अनब्याही बेटियों के साथ

उनके नीचे अभी जल-जीवों का एक संसार था
ऊपर पखेरुओं का
पखेरू जहाज़ से उड़-उड़ कर लौट रहे थे जहाज़ पर ही
उनके लिए उड़-उड़ कर लौटने की
कौन-सी जगह रह गयी थी

यादें यादें यादें
यादें जहाज़ की पेंदी में पड़ी वे सूराख़ थीं
जिनसे उभराये नमकीन पानी को
उसी समन्दर में उलीचना था
जहाँ से वह आया था

आया होगा

‘केप ऑव गुड होप’ उनके रास्ते में भी
लेकिन वे वास्को डी-गामा नहीं थे

उल्टियों भरी ऊब, थकान और हताशा के बाद वे जहाँ उतरे थे
वहाँ झाड़ियाँ ही झाड़ियाँ थीं
पत्थर ही पत्थर
और जीव-जन्तु विषैले

जो काइयाँ इरादों की टोह नहीं ले पाये थे अभी तक
उन्होंने देखते ही पहचान ली खुरदरे ज़मीन के अस्तर की गर्माहट
और अपनी पुरानी कुदाल गेंतियाँ सुपुर्द कर दी नयी धरती के

उन्होंने झुक के चूमा अपनी नयी धरती को

वे रोये तो सिंचने लगीं फ़सलों की जड़ें
वे हँसे तो बालियाँ पकने लगीं

अपने टूटते शरीरों को रूपान्तरित करते नये शरीरों में
समय और श्रम की जुगलबन्दी में
उन्होंने धरती को दिया एक नया स्वर्ग
आता गया उनमें
सख़्त होते गन्ने के पत्तों का दोधारीपन

जो कभी समन्दर से गये थे
वे आकाश से लौट रहे हैं आज

जिन्हें पता नहीं था जहाज़ का रुख़
वे बता रहे हैं अपने पायलट को
—इधर चलो
इधर से आ रही है ख़ुशबू भरी बयार

इधर है आज़मगढ़...

पहली बार बाल क़ैदी

उस आदमी का चेहरा
बिल्कुल मेरे चचा जैसा है
पहली बार देखने पर मेरे मुँह से निकल ही गया था... चाचा

उसे लोग गार्ड कहकर पुकार रहे हैं

ये औरत जो झाड़ू लगाते-लगाते थकी जा रही है
इसके बिखरे-बिखरे बाल मेरी माँ जैसे हैं
इसे लोग क़ैदी नं.151 कह रहे हैं

और उस आदमी को कह रहे हैं क़ैदी नं. 55
जो फूलों में पानी देने के बाद हाथ भी फेर रहा है
—मेरे पापा की भी यही आदत है

वो जिनके हाथ में बेंत रहता है हमेशा
हमारे मास्साब की तरह लगते हैं
इनहें आता देख फुसफुसाते हैं सभी
...जेलर साब आ गये हैं

रिश्तों के नाम
गार्ड, क़ैदी, जेलर भी होते हैं क्या?

डुप्लीकेट (कलाकार)

ये चेहरा मिलता है हू-ब-हू
आवाज़ भी मिलती है
ये चाल, ये हावभाव, ये पलकों का उठना-गिरना
कितना मिलता है कलाकार से

और ये दाग़ भी जो जन्म से नहीं था तुम्हारे चेहरे पर...

करो ख़ूब अभ्यास करो
कहीं कोई कमी न रह जाए अभ्यास में
अपना रंग कहीं झलक न आये

हो जाओ कलाकारमय
इन दाँतों से उसी की तरह चबाओ
हर असम्भव हर ख़तरे को फ़िल्माओ

हँसो
ख़ूब मार खा जाने के बाद पैंट झाड़ते हुए हँसो
खन्दक में गिरने के बाद हँसो
आग पानी में हँसो

शॉट ओ के हो जाए
इससे बढ़कर ख़ुशी और क्या हो सकती है

ये हँसना कहीं अपनी हँसी की तरह न हो जाए
दर्द भी इससे बढ़कर और क्या हो सकता है

माँ के देहावसान पर कविताएँ

लय

वह अब नहीं आएगी वापस
ये हम पक्का कर आये थे   नदी किनारे

उन पुस्तकों को प्रवाहित कर आये थे
जिन्हें उसने प्रवाहित करने को कहा था

पर उन्हें पढ़ने की लय को नहीं बहा पाये हम...

नपना

नापना चाहता हूँ
रिक्तता को
जो एक माँ छोड़ जाती है...

कोई नपना दे दो

उपस्थिति

माँ है क्या?
बहुत दिनों के बाद आये दोस्त ने पूछा भीतर आने से पहले ही
फिर आँगन की ओर देखने लगा

वहाँ फूल हँस रहे थे खिलखिलाकर
कोंपलों की खेपें फूटी पड़ी थीं

पत्ते गहरे हरे हो गये थे   गझिन भी

मैं कुछ कहूँ
इससे पहले ही उसने मुझे टोका—
माँ आ गयी
और तूने मुझे बताया भी नहीं...

भय के प्रकाश में

सूख गये पत्तों का भी अपना एक समाज हुआ
अपने हरेपन में चाहे जो जितनी ऊँचाई पर लहरा रहा हो
सूखकर गिरने पर एक धरातल पर हुए सब

सारे क़श दे चुकी
अपनी जड़ में पहुँच गयी किसी सिगरेट ने
बुझने से पहले कर दिया होगा यह कमाल
कि जंगल आग का समुद्र हो गया है

सबसे ऊँचे चीड़ के पेड़ की
नाज़ुक, छरहरी, सूखी, पिरूल पत्ती ने
पकड़ी होगी यह आग पहले-पहल
और फिर थमा दी होगी दूसरे पेड़ों के सूखे पत्तों को
सूखे पत्तों ने थमाया होगा हरी झाड़ियों को

जो क़द में जितना छोटा है और ज़मीन के जितने निकट
जला होगा सबसे पहले वही

पके हिसालू जले होंगे रंग रस और मिठास के साथ—
चर्चित काँटों सहित
बैंगनी किलमोड़े जले होंगे
राख के फूल-फल टिके रहे होंगे वैसे के वैसे ही
हवा का ठसका लग जाने तक
और काँटे, तुर्शी रहित नुकीलेपन के साथ

चीड़ का पेड़ तो हुआ आग का पेड़

कच्ची आग हरदम बहती रहती है उसके भीतर
सो आग ने पेड़ों में सबसे पहले पकड़ा होगा उसे ही
बसूले से खोपे गये तने से रिसता लीसा
लटके गमलों सहित धधका होगा
रोशनी के झरने धरती से आकाश की ओर फूट पड़े होंगे
दूर एकान्त में खड़े रहने वाले इतर पेड़
अचानक दमक उठे होंगे
भय के प्रकाश में

चीड़ का एक ठीठा जलता-जलता क्या गिरा
अग्निपिंड-सा लुढ़कता चला गया ढलान पर
अधोगामी आग बाँटता हुआ,
पेड़ धक रहे हैं अब
फुनगियों से आग चिन्दी-चिन्दी बहने लगी है
आग के बीज बह रहे हैं हवा के साथ

अब चारों ओर धुएँ के बादल हैं और आग की बिजली
चलती गाड़ियों के आगे
आ-आकर गिर रही हैं काष्ठ उल्काएँ

आग की बारिश
आग की फिसलन
आग का मलबा है...

लोग आग रोकने को लाइन काट रहे हैं
पानी के कनस्तर पर कनस्तर आ रहे हैं बहुत नीचे गधेरों से
अब गाँव बचाने हैं, हवा में ऑक्सीजन बचानी है
जो हिरनों की कुलाँचों को उदरस्थ करते थे
वे जानवर गाँव की ओर भाग रहे हैं
आग उनके पीछे-पीछे भाग रही है
सहस्रों पाँव निकल आये हैं आग के

दशानन-सी दिख रही है आग

अग्निपक्षी-सी उड़ रही है

कौन जाकर सुनेगा चिड़ियों के घोंसलों से आती आवाज़ें
कौन बचाएगा कठफोड़वे की चोंच
पेड़ों के खोखल में जमे हुए साँप
राख की कुंडलियाँ हो गये हैं
यह ख़बर निर्वासित पंछियों को कैसे दी जाएगी

किससे पूछा जाय
क्या हो गया यह सब
क्या किसी बांज के पेड़ से पूछा जाय
सबसे गहरी जड़ें हैं जिसकी
जो पानी का ही पेड़ है
जो अतल से लाता है जल और बादलों को
भीगी कमीज़-सा निचोड़ लेता है
जिसे सबसे बाद में पकड़ पाती है आग

हाँ, वही बता सकता है
कि ये आग ठेकेदार की कारस्तानी है
जिसे नहीं मिला जंगल का ठेका
या फिर किसी पर्यटक की हरक़त है
या फिर कोई लड़का फेंकी गयी बोतल की पेंदी को
सूरज की सीध में रख
बीड़ी सुलगा रहा था

या फिर यह वही आग है
जो आविष्कृत की थी आदमी ने पहले पहल

मुमकिन है कोई टहनी रगड़ खा गयी थी
अपने ही पेड़ की   दूसरी टहनी से...

जख़्म

गिरी अपने ही भार से   बेआवाज़
सूखी उपशाख   कई दिनों की

हल्का हुआ पेड़

एक और उपशाख
सूखी नहीं जो पूरी तरह
लकड़ी बीनने वालों के निशाने पर है

लड़के लम्बी रस्सी में पत्थर बाँध उलझा रहे हैं उसे
और   दे झटका   खींच तोड़ते हैं

टूटना भी खिंचता है देर तक असहमति की आवाज़-सा
दूर तक गूँजता है जंगल बचाओ की चक्रवृद्धि गुहार में
पेड़ पर एक जख़्म उभर आया है

रस्सी खींचनेवालों की हथेलियों में भी
पड़ गये हैं रगड़न से छाले, जलन है बड़ी

एक फू-फू फूँक रहा है अपनी हथेली बार-बार
दूसरा किनारे जाकर
जख़्म पर अपनी ही धार छोड़ रहा है...

एक जख़्म देकर और एक जख़्म लेकर लौट रहे हैं ये अधकचरे
आग नहीं
धुआँ लेकर लौट रहे हैं

गुल्लक

मिट्‌टी का है
हाथ से छूटा नहीं कि टूटा

सबसे कमजोर निर्मिति है जो
उसी के भीतर बसे हैं बच्चों के प्राण

बच्चे जब दोनों हाथों के बीच लेकर बजाते हैं इसे
पैसों भरा एक ग्लोब बजने लगता है

कभी-कभी मोर्चा हार रहे माता-पिता के सामने
बच्चे इन्हें लेकर भामाशाह बनकर खड़े हो जाते हैं

जब मदद के सारे स्रोत हाथ खड़ा कर देते हैं
कर्ज़ का मतलब जब पठान की थूक फुचकारती गाली हो जाता है
अपने-अपने गुल्लक लिये खड़े हो जाते हैं नन्हे
जैसे दुनिया के सारे कर्ज़ इसी से निपट जाएँगे

ये वही गुल्लक हैं
जिनमें पड़ते खड़े सिक्के की खनक सीधे उनकी आत्मा तक पहुँचती है
जिन्हें नींद में भी हेरती रहती हैं उनकी उँगलियाँ
जिन्हें फूटना था भविष्य में गले-गले तक भरा हुआ
वही बच्चे निर्मम होकर फोड़ने लगे हैं इन्हें...

और अब जब छँट गये हैं बादल
वही चक्रवृद्धि निगाह से देखने लगे हैं माँ-बाप की ओर
मन्द-मन्द मुस्कराते

किसी कुम्हार से पूछा जा सकता है
इस वक़्त कुल कितने गुल्लक होंगे देश भर में
कितने चाक पर आकार ले रहे होंगे
कितने आँवे पर तप रहे होंगे
और कितनी मिट्टी गुँथी जा रही होगी उनके लिए

पर जो चीज़ बनते-बनते फूटती भी रहती है
उसकी संख्या का क्या हिसाब

किसी स्टॉक एक्सचेंज में भी तो ये सूचीबद्ध नहीं
कि कोई दलाल उछल-उछल कर बताता उनके बढ़ते-गिरते दाम

मिट्टी के हैं ये
हाथ से छूटे नहीं कि टूटे

फिर भी इतना तो कहा ही जा सकता है किसी कुम्हार के हवाले से
दुनिया से मुख़ातिब होकर—
ऐ दुनियावालो!
भले ही कच्चे हों गुल्लक
पर यह बात पक्की है कि
जहाँ बचपन के पास
छोटी-छोटी बचतों के गुल्लक-संस्कार नहीं होंगे
वहाँ की अर्थव्यवस्था चाहे जितनी वयस्क हो
कभी भी भरभराकर गिर सकती है...।

रतजगा

इस घर से वधू को लेने गयी है बारात
इस घर में रतजगा है आज

इस समय जब वहाँ बाराती थिरक-थिरक कर साक्ष्य बन रहे होंगे
जीवन के एक मोड़ का
यहाँ औरतें गाकर नाचकर स्वाँग रच-रच कर
लम्बी रात के अन्तराल को पाट रही हैं

वहाँ जब पढ़े जा रहे हैं झंझावातों में भी साथ रहने के मन्त्र
और सात जन्मों के साथ की आकांक्षा की जा रही है
यहाँ जीवन भर साथ चलते-चलते थकी औरतें
मर्दों का स्वाँग रच रही हैं

इनके पास विषय ही विषय है
स्वाँग-ही-स्वाँग

प्रताड़नाएँ, जिन्होंने उनका जीना हलकान कर रखा था
अभी प्रहसनों में ढल रही हैं
डंडे कोमल-कोमल प्रतीकों में बदल रहे हैं
वर्जनाएँ अधिकारों में ढल रही हैं

ये मर्द बनकर प्रेम कर रही हैं बुरी तरह
अपनी औरत को बुरी तरह फटकार रही हैं
जूतों की नोकों को चमका रही हैं बार-बार
मूँछों में ताव दे रही हैं

जो आदमियों द्वारा केवल आदमियों के लिए सुरक्षित है
उस लोक में विचर रही हैं
पिंजरे से निकल कर कितना ऊँचा उड़ा जा सकता है
परों को फैलाकर देख रही हैं

वह टुकड़ा
जो द्वीप है उनके लिए
उसे महाद्वीप बना रही हैं

अपने वास्तविक संसार में लौटने के पहले
कल सुबह एक और औरत के आने के पहले...

❑❑❑

णाणं पयासयं

वीर निर्वा. 2470

ई.सन् 1944

भारतीय ज्ञानपीठ